PDH
LISTA 3

¡Una buena pesca!

Unión del Pez

¡Mi lan
me per

¡uera el tiempo libre!

Prohibido
fijar
carteles

acional

¡Mi lana
me pertenece!

Países sin fronteras

P.L.Z.
Partido libre
de los Zorros

¡Para ti!

Título del original:
ICH BIN FÜR MICH. Der Wahlkampf der Tiere

Traducido por Eduardo Martínez
© Bajazzo Verlag, Zürich 2005
© para España y el español: Lóguez Ediciones
Ctra. de Madrid, 90. Apdo. 1. Tfno. (923) 13 85 41
37900 Santa Marta de Tormes (Salamanca) 2007
ISBN: 978-84-96646-09-4
Depósito Legal: S. 268–2007
Printed in Spain
Gráficas Varona, S. A.
Pol. Ind. El Montalvo I. Parc. 49. Salamanca

www.loguezediciones.com

Martin Baltscheit / Christine Schwarz

YO VOTO POR MÍ

La campaña electoral de los animales

Lóguez

Cada cuatro años, los animales elegían a un rey.

Al león le encantaban las elecciones porque los animales le elegían

siempre. Se colocaba en lo alto de una colina y preguntaba:

"¿Quién está a mi favor?". Y todos exclamaban:

"¡Nosotros estamos a tu favor!"

A continuación, había cerveza y salchichas gratis.

Pero en una ocasión, fue distinto.

"¿Para qué sirven unas elecciones si no hay ninguna
alternativa?", preguntó el pequeño ratón gris.

"¡Tú necesitas un candidato rival, pues,
de lo contrario, no tiene sentido!".

El león aceptó la propuesta del rival
e hizo que le pintaran un cartel con él. Estaba
orgulloso del resultado ya que la leona
lo había dejado muy favorecido.

Pero el pequeño ratón también había
pintado un cartel...

Al ver el gigantesco cartel del ratón, todos los demás animales quisieron participar también. Por lo que cada especie envió un candidato a la **asamblea electoral**. Allí, cada uno tenía un voto para elegir al **nuevo rey**.

El pequeño ratón gris era el candidato de los roedores y pronunció un emotivo discurso:

"¡A los gatos les estará prohibido comer ratones!",
exclamó y todos los ratones aplaudieron.
"Si yo soy elegido rey, ¡nosotros
nos comeremos a los gatos!".

Inmediatamente después, habló un distinguido
gato: "Si yo soy rey, los ratones serán alimento básico.
Los habrá en el desayuno, en la comida del mediodía y en
la cena; los habrá como sopa, a la parrilla y fritos.
¡Elegidme y tendréis siempre carne fresca de ratón!".

Una hormiga exigió: "¡Más trabajo para todos!
¡20 horas al día **no** son suficientes!".
Después alzó los brazos al aire e hizo
la señal de la victoria.

"¡Mi lana me pertenece!",
grito la oveja todo lo alto que pudo.
"¡Si soy reina, nosotras mismas nos
tejeremos los jerséis!".

La carpa tenía un par de buenas ideas para un pantano,
que, en tiempos de sequía, ofrecería a los animales
siempre suficiente agua. Pero nadie pudo entenderla
y todos pensaron que burbujeaba tonterías.

El avestruz habló durante horas sobre un
aeropuerto que él quería construir, con comercios
y aparcamientos, 4 pistas de aterrizaje y una
conexión ferroviaria subterránea.

Cuando alguien le preguntó quién iba a
pagar todo aquello, metió su cabeza en la arena.

El pastor alemán era partidario de la ley y del orden

y quería tener atados a la cadena

a todos y a cada uno.

Ferdinando, el toro, proclamó el paraíso, en el que todos serían iguales, comerían igual, vestirían lo mismo, cantarían las mismas canciones y se amarían siempre.

El zorro era partidario de los países

sin fronteras. Y, al decirlo,

guiñó en especial a los gansos.

Únicamente, la ballena no
estaba interesada en la elección
y nadó nuevamente hacia su casa.

Una vez pronunciados todos los
discursos, se dio paso a la votación.
La votación era secreta, pues nadie
quería mostrar a favor de
quién estaba.

Por la tarde, el topo contó los votos y anunció el resultado: "Cada candidato ha recibido un voto. Ninguno para el león, una abstención". **¡Así, pues, el león había sido destituido!** Era el único que no se votó a sí mismo. Entristecido, decidió buscarse un nuevo pueblo.

Sus antiguos súbditos, sin embargo, lo celebraron. Ahora, todos tenían su rey preferido. Los nuevos soberanos comenzaron inmediatamente a cumplir sus promesas:

El zorro perseguía a los gansos, los gatos devoraban a los ratones, los ratones cazaban a los gatos, las ovejas defendían su lana, el toro luchaba por la paz, el pastor alemán ataba la carpa a la correa y el avestruz había metido de nuevo su cabeza en la arena, donde golpeó con el topo, que, debido a la gran confusión, se había enterrado todavía más profundamente.

Durante dos semanas, imperó un enorme caos. Ninguna ley tenía ya validez, todos hacían únicamente aquello que se les ocurría en el momento. Era horrible.

El león estaba sentado en lo alto de una montaña y movía preocupado la cabeza. De pronto, apareció el pequeño ratón ante él y preguntó: "Bien, y ahora ¿qué podemos hacer nosotros?". El león miró hacia un lado. "¿**Nosotros?**". El ratón suspiró: "¡Vamos, viejo huraño! Dime, ¿qué hubiera hecho el antiguo rey?".

Entonces, el león cogió al pequeño ratón en sus zarpas y descendieron por la colina hacia donde estaban los demás. El antiguo rey respiró profundamente y rugió:

¡Nuevas elecciones!

Los animales se asustaron y se miraron unos a otros. Completamente exhaustos de tanto arañazo y mordisco, ya no tenían ganas de jugar a ser reyes e hicieron lo que el león les había aconsejado.

¡Y como esta vez sólo se presentaba un **único** candidato,

todo fue también muy fácil!